AF313584

NOTES STENDHALIENNES

STENDHAL

HOMME DE CHEVAL

PAR

LE COMTE DE COMMINGES

PARIS
LE DIVAN
37, rue Bonaparte, 37

1928

STENDHAL

HOMME DE CHEVAL

COMTE DE COMMINGES

STENDHAL
HOMME DE CHEVAL

D

PARIS
LE DIVAN
37, rue Bonaparte, 37

1928

STENDHAL
HOMME DE CHEVAL

Un jour, en relisant la *Chartreuse de Parme*, je m'arrêtai à cette page où Fabrice, fuyant, rencontre un domestique monté sur un cheval gras (c'est encore aujourd'hui ceux-là que préfèrent les hommes d'écurie) et tenant en main un cheval maigre. Fabrice n'hésite pas un instant : il s'empare du cheval aux côtes saillantes. « Mais alors, me dis-je, Stendhal est donc un homme de cheval ! » Car il faut l'être à un assez haut degré pour savoir qu'un cheval pléthorique n'est jamais bon galopeur.

Mais peut-être Stendhal a-t-il parlé au hasard ? — Pas du tout ! J'ai relu la plupart de ses œuvres au point de vue hippique, et j'ai acquis la certitude qu'il connaissait parfaitement le cheval et la manière de s'en servir.

*
* *

C'est dans la *Chartreuse de Parme* et dans *Lucien Leuwen* que Stendhal parle le plus souvent du cheval, et surtout du cheval de selle, qu'il semble affectionner particulièrement.

Son héros le plus sympathique, Fabrice del Dongo, rachetait, enfant, une ignorance qui épouvantait sa mère, par ses aptitudes étonnantes pour l'équitation : « Il ne savait rien au monde que faire l'exercice et monter à cheval. »

Quelle enfance heureuse a dû avoir ce Fabrice ! A douze ans, il portait l'uniforme de hussard et « souvent le comte Pietranera, aussi fou de cet enfant que sa femme, le faisait monter à cheval et le menait à la parade ».

L'imagination du jeune aristocrate

italien avait dû recevoir une empreinte extraordinaire, aux environs de cette année 1796, où, « le 15 mai..., le général Bonaparte fit son entrée à Milan, à la tête de cette jeune armée qui venait de passer le pont de Lodi et d'apprendre au monde qu'après tant de siècles César et Alexandre avaient un successeur ».

Quel est celui d'entre nous qui n'eût pas rêvé, alors, de devenir un homme d'action, et un homme d'action à cheval, car, surtout à cette époque et dans cette Italie encore si médiévale par ses mœurs politiques, la complète gloire militaire exigeait, mieux que deux accessoires, deux instruments : l'arme blanche et les éperons.

On trouvait, au commencement du xixᵉ siècle, quelques beaux chevaux en Italie, et, sous l'Empire, les divisions de cuirassiers qui s'y remontaient étaient réputées avoir la meilleure remonte de l'armée. Par contre, les mecklembourgeois, au ventre retroussé, aux membres grêles, d'apparence majestueuse, y étaient à la mode pour traîner les voitures des familles riches, et aussi les noirs carrossiers romains, et encore les chevaux de gala élevés, de père en fils, par les comtes Chigi et dont une paire était toujours attelée au timon du carrosse à quatre chevaux du pape.

L'Italie des xvie et xviie siècles fut une merveilleuse productrice de chevaux de selle. Tous étaient largement arrosés de sang oriental, tels ces chevaux fameux du Frioul qui furent décimés par les réquisitions napoléoniennes. On y rencontrait aussi quelques « transylvains », c'est-à-dire des autrichiens, de grande taille, et auxquels les croisements alors en honneur donnaient le modèle espagnol et napolitain. Le lippizien moderne

en a conservé certaines caractéris-
tiques.

Fabrice, jeune et ardent, devait re-
chercher les montures se rapprochant
le plus possible du type arabe. Les
chevaux anglais étaient rares sur le
continent, qu'ils fussent de pur sang ou
même de demi-sang. On les considérait
comme des animaux de haut luxe.

Cependant Fabrice del Dongo s'en-
nuya vite au château de Grianta, bien
qu'il fût étroitement lié avec les hommes
d'écurie, — qui « tous étaient partisans
fous des Français ».— Je connais bien
des garçons, grands et petits, dont les
meilleurs amis sont, à la maison, les
cochers et les palefreniers ; pour ma
part, il me souvient d'avoir passé le
plus clair de mes récréations au fond
d'une cour d'écurie où il m'était pourtant formellement défendu d'aller m'a-
muser.

Mais bientôt arriva un jour où le

cœur de Fabrice bondit de joie : le marquis del Dongo avait décidé de l'envoyer avec sa mère à Milan. Dix laquais et un cocher avec deux chevaux les devancèrent.

Fabrice, qui avait reçu de son père quatre écus pour tout viatique, dut être, au début de son séjour à Milan, assez inquiet : sa mère, personne fort mondaine, se servait assidûment de ses deux chevaux ; d'ailleurs, ce n'étaient que des chevaux de voiture. Mais, au bout de peu de temps, elle « se lia avec un jeune homme fort riche, lequel était un ami intime du comte, et ne manquait pas de mettre à sa disposition le plus bel attelage de chevaux anglais qui fût alors à Milan... » Fabrice put donc monter à cheval ou conduire les meilleurs chevaux qui fussent alors au monde : des chevaux anglais.

Il semble que Stendhal, pour avoir quelquefois usé de ces chevaux et les avoir vus à l'œuvre, en ait gardé un souvenir respectueux et admiratif. Ils étaient rares à cette époque : seuls, les gens très riches pouvaient se les payer. Mais si Stendhal les mentionne assez souvent, jamais il n'en a donné une description qui puisse, d'après ses romans, permettre d'imaginer leur modèle : il faut nous reporter pour les connaître à l'imagerie et à la littérature anglaises. C'étaient à l'ordinaire des chevaux de demi-sang, puisqu'on les attelait, et moins souvent des chevaux de course, c'est-à-dire de pur sang. D'ailleurs, Stendhal spécifie toujours. Ces animaux ressemblaient-ils à leurs petits-fils actuels et possédaient-ils les mêmes aptitudes ? Assurément non. L'améliorateur par excellence, le pur sang anglais était encore très près du cheval arabe, et les points de cette dernière race devaient être prépondérants dans ses dérivés directs et indirects. De nos jours encore, il y a de bien curieux retours individuels d'hérédité arabe chez les pur sang anglais.

Le cheval anglais dont on se servait pour la chasse et la guerre au commencement du XIXe siècle restait un destrier, mais un destrier fortement amélioré. Le temps n'est pas très loin où, en Angleterre, l'étalon préféré, pour faire un *hunter*, était le bon cheval de labour sur la jument fine.

Les chasses, moins rapides et plus longues qu'aujourd'hui, n'exigeaient pas un squelette aussi bien agencé pour la vitesse. Les gravures anglaises de l'époque, si partiales qu'elles soient, représentent des *hunters* assez courts, doublés, culottés, avec des tendons plutôt minces, mais nets et détachés, une encolure greffée haut, à l'orientale, avec une tête légère et expressive, un œil grand et saillant, à l'orientale également. Il serait difficile de différencier, une fois toilettés pareillement, certains de nos poneys du Gers (anglo-arabes) toisant 1",50 à 54, de leurs frères anglais ou irlandais. La taille des demi-sang anglais de la fin du XVIII° siècle était encore petite. Ainsi *Young Rattler*, étalon de trois-quarts sang anglais, qui faisait la monte en Normandie, quoique très bien charpenté et robuste, célèbre cheval de chasse en Angleterre, n'avait que 1",50. Même taille, *Vidvid*, qui pourtant était haut sur jambes et de demi-sang. A Tarbes, *Bai-brun*, étalon bien membré et de beaucoup de qualité, atteignait à peine 1",57. Les étalons au-dessus de 1",60 étaient très rares alors, tandis que les demi-sang anglais modernes toisent, en moyenne, 1",62 à 65. Ils sont aussi plus allongés dans leurs rayons, ayant suivi en cela la transformation de la race pure, évoluant sans cesse vers les suprêmes vitesses. Certains défauts ont aussi disparu. Le bras s'est redressé, le jarret a l'angle interne plus ouvert, ce qui est plus favorable au galop vite, et les tendons sont devenus plus larges, plus en rapport avec la masse qu'ils ont à soutenir en mode de vitesse. Quoi qu'on puisse dire, le « Progrès » a modifié les races chevalines comme tout le reste.

Beaucoup de ces anglais de l'époque impériale, inconsidérément avancés en sang, étaient enlevés et levrettés. Carle Vernet, grâce à sa trop complaisante anglomanie, a pris ce défaut pour une qualité : aussi la plupart de ses chevaux sont-ils plats, légers et haut perchés.

Mais il arriva bientôt dans la vie hippique de Fabrice un affreux malheur. Sa mère se brouilla avec le riche comte N... et ne voulut plus de ses chevaux : on peut juger de la déconvenue du pauvre Fabrice. Vainement cette mère imprévoyante essaya de le distraire par le canotage. Les promenades à cheval devaient lui manquer, bien que Stendhal ne nous le dise pas. Et Fabrice avait seize ans, l'âge où l'on jouit si pleinement du plaisir de l'équitation, où l'on monte à cheval d'une manière si lyrique, en quelque sorte, lorsqu'il se vit privé de son passe-temps favori.

Or, peu après, il apprend le débarquement de l'empereur au golfe Jouan et, le soir même, il aperçoit sur le lac un aigle, l'oiseau de Napoléon : « Il volait majestueusement, se dirigeant vers la Suisse et, par conséquent, vers Paris. » Alors Fabrice décide, simplement, qu'il rejoindra, lui aussi, le grand homme. Si la marquise ne s'était pas brouillée avec son sigisbée, si Fabrice, nostalgique du cheval, ne s'était pas ennuyé, si, ne canotant pas sur un lac, il n'avait pu voir l'aigle, si Fabrice avait eu un cheval, Stendhal aurait-il pu nous le montrer partant avec une spontanéité si enthousiaste ?

La poste conduit donc le jeune homme à Paris ; et là, quel est le premier soin de notre héros, « après une orgie où il se trouva décemment volé » ? C'est d'acheter « deux beaux chevaux » et de prendre « pour domestique un ancien soldat, palefrenier » d'un maquignon et de partir pour l'armée, — comme cela, en civil : les gens qui aiment le cheval ont toutes les audaces !

Le choix du domestique est précisé et parfait. Stendhal aimait sûrement à avoir des chevaux bien pansés et préférait les soins des professionnels, au risque des désagréments que peuvent vous causer ces gens d'écurie. En fait de mauvaise réputation, ceux-ci n'ont pas encore démérité ; ils savent et pratiquent tous les tours de balai, mais aussi connaissent-ils à fond les trucs. Quand le cabaret est loin, ce sont de bons domestiques, après tout.

Mais les chevaux, ces « beaux chevaux » achetés chez le marchand à la mode, quels étaient-ils ? Ce devait être, très probablement, des chevaux français. Napoléon, en effet, n'aimait ni les Anglais hommes ni les Anglais chevaux. Il le leur prouva par le Blocus. D'ailleurs son administration s'était efforcée de réparer les méfaits hippiques de la Révolution. Ils avaient été très graves et radicaux. Le décret de 1806 réorganisa les Haras : sans les formidables réquisitions causées par les guerres, notre population chevaline se fût vite développée. Nos races normande, vendéenne, limousine tentèrent de se reconstituer. La race limousine était, toute désemparée qu'elle fût, la plus prisée pour la guerre. Les chevaux de tête n'y foisonnaient cependant pas. En 1789, un cheval d'officier supérieur s'y payait au moins 2 000 livres. Mais le grand écuyer, qui ne regardait pas à l'argent, savait y recruter des chevaux de choix pour les écuries de l'empereur ; l'état-major de l'armée s'y remontait aussi.

C'étaient des chevaux très près de l'arabe pour ce qui était du sang et du modèle, et où le croisement avec l'anglais commençait seulement à allonger un peu les rayons. C'est qu'en Limousin, comme partout et même en Normandie, l'oriental avait été de tout temps l'étalon améliorateur favori. En 1779, on y avait envoyé d'excellents syriens ; ils préparèrent les voies aux anglais ou aux irlandais, admis au *stud* à partir de 1786. Ces derniers rencontrèrent donc, dans les élevages riches du moins, de belles poulinières indigènes.

En 1806, des étalons espagnols faillirent tout gâter. On s'en aperçut, heureusement, et de nouveau, les orientaux sauvèrent la race ; petits mais bien trempés, ils produisirent, à cause de l'habitat, plus grand qu'eux, tout en transmettant leurs qualités.

Il y a donc gros à parier que les deux très beaux chevaux que Stendhal fait acheter à Fabrice étaient des chevaux limousins, de ceux qu'on appellerait aujourd'hui des demi-sang anglo-arabes à 50 ou 75 % de sang arabe.

Enchanté de son acquisition, notre héros part à cheval pour l'armée. A Maubeuge, bien que vêtu en bourgeois, il se mêle aux troupiers. On l'arrête comme espion. Pendant qu'on le traîne devant un général, un adjudant voit ses chevaux et les admire — hélas ! — car il les « lui chipe ». On met Fabrice en prison. La geôlière, amoureuse, le costume en hussard français et facilite son évasion. Le voilà pataugeant, à pied, dans la boue de la campagne, son grand sabre de cavalerie sous le bras et empêtré dans ses lourdes bottes. Un paysan le croise, monté sur un méchant cheval, et Fabrice le lui achète. Ce roussin devait être de la dernière catégorie, — transmise, celle-là, si pure depuis les temps les plus reculés jusqu'à nos jours ! — pour n'avoir pas été réquisitionné, même comme animal de trait. Or, c'était le matin de la bataille de Ligny. L'armée se dirigeait vers Bruxelles. Fabrice marcha toute la journée et, le soir, avec un écu, il obtint d'un cultivateur un lit pour lui et de l'avoine pour son cheval. Mais notre hussard réfléchit. Il commence à avoir l'expérience, sinon des hommes, tout au moins des adjudants : « Mon cheval n'est pas beau », pense-t-il, « mais, n'importe, il pourrait être du goût de quelque adjudant ; et il alla coucher à l'écurie à ses côtés. »

Le lendemain, si le hussard était reposé, son cheval ne l'était guère.

Fabrice, écrit Stendhal, ne peut lui faire prendre le trot qu' « à force de caresses » ! — Remarque judicieuse : l'auteur sait que les chevaux rendus ou lymphatiques ne répondent souvent à l'éperon qu'en s'arrêtant tout contracturés. Nous retrouverons plusieurs fois cette observation sous la plume documentée de Stendhal.

Fabrice caresse donc son cheval jusqu'à ce qu'il consente à trottiner. Mais, sur les cinq heures, il entend la canonnade : — c'étaient les préliminaires de Waterloo. — Et son maudit roussin ne peut dépasser la voiture d'une cantinière, et cette cantinière — ô honte ! — lui déclare : « Tu ferais mieux, mon petit, d'être fantassin que cavalier ! »

Elle lui conseille de trouver, avant tout, une autre monture : « Vois comme ta rosse redresse les oreilles quand le bruit du canon ronfle d'un peu près. C'est un cheval de paysan qui te fera

tuer dès que tu seras en ligne... Regarde
comme il remue les oreilles ! Dès qu'il
sera là-bas, quelque peu de vigueur
qu'il aie, il te forcera la main, il se met-
tra à galoper et Dieu sait où il te mè-
nera ! »

Voilà encore de fort exacte observation hippique. Stendhal, s'il aime les
chevaux de sang, a dû souvent, par
nécessité, monter des rosses et des
bourdons : il connaît leur lent galop
incoercible de brutes lourdes et entê-
tées.

Enfin la cantinière ajoute : « Mainte-
nant, nous allons avoir des chevaux à
revendre. Si la bête est petite, tu don-
neras dix francs et, dans tous les cas,
jamais plus de vingt, quand ce serait
le cheval des quatre fils Aymon. »

Et la cantinière fouette sa misérable
« Cocotte ». Ce nom est tout ce que
l'auteur nous dit de cette jument. La
pauvre bête était sans doute française et

peut-être normande. L'ampleur de ses formes remplissait les brancards. Elle était fort laide. M. Guénaux, dans son livre : l'*Élevage en Normandie*, nous assure que le normand, à l'époque de la Révolution, « avait des proportions massives et disgracieuses, une tête affreusement busquée, une encolure courte et épaisse, un garrot noyé dans des épaules graisseuses, des reins trop longs et des canons minces », — horrible animal que l'amélioration par le pur sang et le trotteur a transformé au point où nous le voyons aujourd'hui.

Cocotte appartenait à la plèbe ; mais déjà le « dessus du panier » de l'élevage normand pouvait fournir à certains régiments de cavalerie un assez grand nombre de chevaux convenables. C'est du moins ce qu'affirme le célèbre vétérinaire marquis de Chabert dans un rapport (inédit) au roi sur la production normande vers 1788. Et, plus tard,

Napoléon fit acheter pour ses écuries pas mal de normands : si l'on faisait le dénombrement de ses équipages de selle, nous croyons (d'après les dossiers qu'a feuilletés M. le vétérinaire militaire Bidault, de l'École de Guerre) qu'on y trouverait en majorité des chevaux de cette province. Et, à Tilsitt, quand l'empereur veut offrir un cheval à Alexandre, c'est un beau normand qu'il lui envoie.

On a répété à satiété que le prince de Lambesc avait été, avant la Révolution, le sauveur de la race normande. Or Lambesc, écuyer avant tout, avait bien acheté en Angleterre plusieurs étalons de demi-sang ; seulement, il s'était empressé de garder pour les écuries du roi les plus beaux étalons et les plus utiles juments. Le rebut fut relégué au Pin et n'avait rien produit à la Révolution : aussi Napoléon dut accorder créance à cette affirmation de son grand écuyer « qu'il n'y avait plus en France cent étalons de selle qui valussent quelque chose... La Normandie était infectée de chevaux tarés... »

C'est donc une bien vilaine bidette que fouaille la cantinière, cependant que, traversant un marécage, le cheval de Fabrice butte continuellement, « touche deux fois » et s'arrête, pile, devant chaque cadavre.

Peu après, son amie la cantinière dit au jeune hussard : « Si ton cheval était capable de galoper, tu irais en avant jusqu'au bout du bois, voir s'il y a quelqu'un dans la plaine. » Alors Fabrice arrache une branche de peuplier et tape son roussin à tour de bras. La bête s'enlève au galop et retombe au petit trot... Et la cantinière crie (Fabrice prit-il le conseil pour une ironie ?) : « Si tu vois un ennemi, pique-le avec ton sabre ! ne t'amuse pas à le sabrer ! »

Mais, à ce moment, arrivent des soldats maraudeurs : l'un deux monte un cheval que la bonne cantinière achète vingt francs pour Fabrice.

La brave femme avait eu la main heureuse. Stendhal ne décrit pas plus l'extérieur de ce cheval que celui des précédents ; cependant nous pouvons penser, à lire la suite du récit, que cet animal était de grande taille, généreux et vite au galop, et qu'il aimait à sauter. C'était donc un cheval de pur sang ou très près du sang. Il avait dû appartenir à un officier général ; c'est même la cantinière qui le constate : lorsqu'on fixa sur son dos le lourd porte-manteau de Fabrice, le noble animal « se mit à se cabrer et Fabrice qui montait fort bien eut besoin de toutes ses forces pour le contenir ».

D'après Sydney, lord H. Rous, au Comité des Lords, affirma qu'en 1700, la taille des pur sang anglais était de

13 mains 3 pouces (1ᵐ,40), que cette taille augmente de 1 pouce par 25 ans et qu'en 1774 *Jupiter*, par exemple, toisait 15 mains 1 pouce (1ᵐ,55) : ces calculs mettent la taille moyenne des pur sang, vers 1815, à 1ᵐ,58 environ. Ne nous étonnons pas de voir Fabrice remonter difficilement sur le sien : cette hauteur de 1ᵐ,58, exhaussée encore par le phénoménal paquetage de cavalerie, devait nécessiter beaucoup d'habitude pour « passer la jambe ». Si les Haras n'avaient point acheté un cheval d'une taille aussi honorable, c'est qu'ils lui avaient reconnu quelques imperfections ou une tare transmissible. Quels défauts cachaient donc sa toilette élégante de courte-queue à l'anglaise, la beauté de son avant-main, la finesse et l'attache exquise de sa tête, le développement remarquable et tout oriental de sa cage thoracique ? Sans doute ses membres étaient-ils grêles et ses jarrets insuffi-

sants, éparvinés, car tout à l'heure,
emporté par son ardeur, il tombera au
milieu d'un petit canal au lieu de le
franchir. Quoi qu'il en soit, c'était,
tout nous permet de le supposer, un
excellent cheval de sang.

Tout à coup, une troupe de généraux,
que suivait une vingtaine de hussards,
traversa au galop la vaste prairie au
bord de laquelle se tenait Fabrice. De
quel coup d'œil rapide et curieux ne
dut-il pas contempler ce peloton de
cavaliers, hommes et chevaux ? Le général de Brack nous dit de quelles races
étaient ces derniers, réquisitionnés au
hasard des campagnes, en Pologne, en
Hongrie, en Danemark, en Litoche
(Lithuanie) ou provenant des remontes
de France, auvergnats, morvandiaux,
bretons, béarnais, tous ayant du sang
oriental dans les veines, petits, assez
doublés, pleins d'endurance et d'énergie. « Peu de chevaux normands, dans

la légère, — ajoute Brack, — car les bons sont trop chers, ni d'allemands, car ils sont trop lourds, bien que non méprisables. »

L'inspection de Fabrice dut être brève, car « son cheval hennit, se cabra deux ou trois fois de suite, puis donna des coups de tête violents contre la bride qui le retenait. — Eh bien ! soit ! se dit Fabrice. Le cheval laissé à lui-même partit ventre à terre et alla rejoindre l'escorte. » Bientôt un petit canal barre la prairie : tout le monde met pied à terre. Mais Fabrice, qui n'avait d'attention que pour le maréchal Ney, laisse son cheval, impatient du saut, s'élancer. Le fossé, large et à pic, était bordé d'arbres, et l'eau s'y trouvait à deux ou trois pieds en contre-bas. Fabrice, ahuri, n'avait pas dû donner assez de liberté à son cheval, ou celui-ci manquait-il de puissance dans son arrière-main ? tant est que cheval et cavalier roulèrent au milieu de l'eau.

« Au diable, la f... bête ! » s'écrie un général éclaboussé. Mais Fabrice sort du canal, tandis que les hussards barbotent. Triomphant, il trotte, en parade, tout le long du bord, faisant valoir son beau cheval qu'un officier reluque déjà.

Stendhal fait souvent tomber de cheval ses héros, même ceux qu'il nous présente comme montant très bien, tel Lucien Leuwen. Veut-il rendre moins ridicule, à ses propres yeux, ses chutes, à lui, et notamment celle qu'il fit, vers 1800, au moment où il quitta Genève ? Il était alors tout à fait nul en équitation. Mais il ne perdit pas courage, car « il était, écrit-il, hardi cavalier... et heureusement son cheval — lui — était suisse ! »

Mais la chevauchée reprend de plus belle. Si le groupe s'arrête, Fabrice, un peu emmené, le dépasse. Des hussards fatigués tombent, se relèvent, on galope ferme et on saute des obstacles.

Fabrice, éreinté, boit deux verres d'eau-de-vie. Il roule sur sa selle et — notons l'exactitude de cette remarque — selon le dicton, « il regarde entre les oreilles de son cheval, et fait comme les autres ». Il se sentait, au bout d'une ou deux heures d'hébétude, « fort las et, quand le cheval galopait, il retombait sur sa selle comme un morceau de plomb ». Il commençait à se dégriser un peu, lorsqu'un général eut son cheval blessé et « qui se débattait, renversé par terre et lançant des coups de pieds furibonds ».

Soudain, une, deux, trois ! Fabrice est, par surprise, enlevé de son cheval, — le seul, avait-on jugé, qui pût encore galoper, (ce qui classe, sans discussion possible, le cheval fort près du sang, sinon pur sang). — Et le général l'enfourche, l'escorte pique des deux et Fabrice reste seul, le derrière dans l'herbe, mortifié, avec ce double regret d'avoir perdu son pur sang et de n'avoir pu, à cause de son ivresse, distinguer l'empereur qui passait.

L'empereur ! Voir l'empereur ! Et, pour un homme de cheval comme Fabrice, voir le cheval de l'empereur !...

Le cheval que l'empereur montait à Waterloo s'appelait l'Acacia. « C'était, écrit Ephrem Houel, un charmant navarrais gris moucheté, âgé de quatre ans, souple, rapide, énergique et gracieux. »

Il était doux de caractère : bien que Napoléon eût enjoint à David de le peindre « calme sur un cheval fougueux », toutes ses montures devaient être d'une sagesse absolue et soigneusement éprouvées.

L'Acacia faisait partie d'une des « dix brigades de douze chevaux de selle, soit deux chevaux de bataille, un d'allures pour l'Empereur, neuf pour le Grand Écuyer, l'Écuyer de service, le

Page, le Chirurgien, le Piqueur, le Mameluck et les trois Palefreniers ».

La selle était à la française, en velours cramoisi, avec une housse de même couleur à double galon d'or ; les jours de revue, la housse était garnie de franges d'or, à graines d'épinards, et la queue et la crinière du cheval étaient tressées. La grande tenue de manège des écuyers de Saumur est encore aujourd'hui conforme à cette description.

Trois mois après Waterloo, l'Acacia était aux Tuileries dans les écuries royales. Quinze ans après, — il avait donc dix-neuf ans, — le célèbre cheval fut réformé et acheté par un vieil officier impérialiste qui le confia à un vétéran de l'épopée, ménétrier de son état. En 1832, le pauvre Acacia tomba, se cassa la jambe et, du même coup, fracassa la tête de son cavalier.

Le chagrin de Fabrice de n'avoir pu

apercevoir l'empereur était cuisant. La bonne cantinière, rencontrée de nouveau, le console de son mieux. Le lendemain, Fabrice achète à des soldats un cheval pour quarante francs. C'était probablement un cheval de ces cavaliers allemands chargés de poursuivre les fuyards français, car tout à l'heure Stendhal nous fera assister à l'escarmouche d'une escouade française avec ces sabreurs ennemis qu'elle fusillera à bout portant. Ces chevaux allemands, le général de Brack les jugeait inférieurs aux français en fond et vitesse. Il ne faut pourtant pas oublier qu'en réalité la fameuse poursuite d'Iéna fut faite avec des chevaux prussiens : nos soldats avaient troqué prestement leurs chevaux fourbus contre ceux des prisonniers. Or, si l'on songe que les chevaux des vaincus poursuivis avaient souffert davantage que ceux des vainqueurs poursuivants, on peut se rendre compte de l'énergie et du degré du sang des chevaux prussiens. Les Prussiens, en effet, avaient déjà un peu sélectionné leur race de Trakehnen. Dès 1619, des haras nombreux prospéraient en Prusse, à la vérité remplis de hollandais. En 1689, on y introduisit des étalons arabes, napolitains et français. En 1716, fut fondé, par Frédéric-Guillaume Ier, le haras de Trakehnen, avec des étalons napolitains, danois, turcs, anglais et des juments moldaves. Puis, en 1787, l'étalon de pur sang anglais fut employé comme améliorateur intermittent sur l'élément indigène. Depuis ce temps, il l'est resté et a conservé à la race son degré de trempe et d'influx nerveux.

D'ailleurs l'Allemagne était, à cette époque où les remontes nationales n'existaient pas, le grand marché aux chevaux européen ; c'est du commencement du XIXe siècle que date la prospérité de la célèbre auberge de l'*Écu d'or*, rendez-vous à Francfort des acheteurs de tous pays[1]. Et Marbot lui-même achète trois chevaux d'armes à Stralsund, dans l'île de Rugen.

En 1845, il y avait donc de bons chevaux dans la cavalerie prussienne. Tous n'avaient pas été razziés par Napoléon de 1806 à 1807, car le gouvernement prussien avait eu le soin alors de faire passer tous ses étalons de tête en Russie.

Mais le cheval que venait d'acheter Fabrice ne devait pas avoir de si nobles

1. A l'époque de la Révolution, on improvisa et on entretint une cavalerie à l'aide de marchés généraux stipulant la livraison de chevaux allemands. Puis les corps achetèrent eux-mêmes leurs chevaux, à l'aide de la « masse de remonte ». Les acquisitions étaient faites ou par des officiers délégués ou par des conseils d'administration. Les régiments se livraient entre eux à une concurrence acharnée. En 1806, l'Empereur n'autorisa plus que les achats de l'État aux fournisseurs. Cependant les régiments furent souvent obligés de se remonter par leurs propres moyens, et directement. Vers la fin de l'Empire, on abusa des réquisitions, soit en France, soit à l'étranger.

origines. C'était un hanovrien ou un holsteinois, en tout cas un honnête troupier, ordinaire dans sa conformation, massif, au galop haut, au trot pesant et arrondi. Il devait, surtout au lendemain d'une telle bataille, terriblement forger sur la route. Un vrai troupier, certes, et bien sage celui-là, puisque, peu après, Fabrice, rencontrant la cantinière, dont la jument a été tuée, la hisse sur son cheval et que cela s'opère sans encombre. « Raccourcis-moi les étriers ! » recommande seulement la bonne femme.

Fabrice, démonté, se procure un autre cheval moyennant cinq francs, une dispute, des gros mots et un coup de fusil de son vendeur qui ne l'atteint pas.

Ce cheval-là était « magnifique », assure Stendhal, « mais il paraissait mourant de faim ». Était-ce un anglo-arabe de la race des Deux-Ponts, si réputée que Napoléon s'était empressé d'en confisquer les étalons pour les envoyer au haras de Rozières ? Quoi qu'il en soit, quand Fabrice lui fit donner de l'avoine, il se montra si vorace qu'il en « mordait la mangeoire... »

Mais bientôt Fabrice aperçoit de loin un groupe de cavaliers français. Il se méfie de leurs intentions à son égard et surtout à l'égard de sa monture. En parfait écuyer, prêt à tout événement, il « rassemble » son cheval. Ce sont, heureusement, des amis. Il est, par eux, placé en vedette, se bat contre sept fuyards, — là Stendhal décrit fort bien l'escrime à cheval, — est blessé et tombe. Mais, cette fois-ci, on ne parvient pas à lui voler son cheval. Épuisé, il se couche enfin. Et voilà qu'au petit matin la maison brûle, et l'écurie ! Le jeune hussard y court, enfourche un cheval quelconque et s'enfuit.

Il galope sur un cheval de dragons, —

c'est tout ce que nous en raconte Stendhal. — Les dragons et les cuirassiers tiraient leurs chevaux, en partie au moins, de Normandie, où l'on a toujours trouvé du « gros ». Si, comme nous l'avons fait remarquer plus haut, on y rencontrait, au hasard des foires, quelques bons chevaux, en 1815 la plus grande part de cet élevage n'avait pas eu le temps de bénéficier largement des bienfaits du décret de 1806, — d'autant que les étalons, au début, furent de races trop diverses et inconsidérément choisis.

Le nouveau cheval de Fabrice n'était peut-être ni très beau ni très bon, mais, tel quel et dans l'occurrence, Fabrice l'aima comme un sauveur. Délirant de fièvre et couché dans une auberge, il ne cessait de répéter « qu'on prît soin de son cheval ». Cela n'empêcha pas qu'on le lui volât.

Fabrice se trouve alors réduit à en

louer un quelconque jusqu'à la prochaine poste, dont le maître avait, par crainte des pillards et des réquisitionnaires, caché ses chevaux valides dans les marais. Les chevaux de poste de cette région étaient des boulonais, bien constitués pour trotter, quoique roulés, et parmi lesquels se recrutaient les juments dites « maréeuses » : elles conduisaient le poisson frais jusqu'à Paris, à la vitesse minimum de 16 kilomètres à l'heure et en doublant souvent les étapes, énergiques, en dépit ou plutôt à cause de leur petite taille : 1^m,45 à 50.

Le maître de poste alla donc choisir deux chevaux dans les marais, et on les attela à un cabriolet, écrit Stendhal, c'est-à-dire qu'on en mit un dans les brancards et l'autre à côté, « en galérien », attelage usité à cette époque : le postillon montait sur ce dernier cheval. Ce fut ainsi que Fabrice atteignit Amiens.

Enfin, après de nombreuses péripéties, le jeune del Dongo put regagner l'Italie, documenté sur bien des choses humaines et surtout chevalines, puisque, pendant la seule bataille de Waterloo, il avait monté jusqu'à sept chevaux différents.

Stendhal, on vient de le voir, accordait une grande importance aux chevaux et à l'équitation de ses héros. Dans tout ce qu'il écrit, il n'y a pas une hérésie contre le dogme hippique, pourtant si fâcheusement maltraité par la majorité des écrivains sportifs et surtout par les romanciers.

Dans la suite de la *Chartreuse de Parme*, nous remarquerons le même souci d'exactitude, le même amour du cheval de sang qui dénotent le vrai cavalier. L'auteur nous renseigne aussi sur les mœurs cavalières de l'époque.

Nous voyons le comte Mosca fatiguer deux chevaux de voiture pendant la journée et, le soir, aller à cheval au Corso, sur un anglais importé à grands frais, comme celui que Fabrice achètera plus tard et qu'il « aimera mieux que sa maîtresse ». Et là Stendhal précise : ce favori est tout spécialement désigné comme cheval de pur sang.

Stendhal sait que la passion du cheval ne se laisse pas désarçonner par les vicissitudes de la vie : même dans les ordres, où il entre contre son goût, Fabrice continue d'aimer le cheval pour le cheval. Ainsi, à Laveno, il loue une *sediola*, sorte de tilbury : — il devait y atteler un de ces trotteurs napolitains aux jambes trop longues, faits en montant, aux harnais brillants de cuivre, aux allures rapides et désunies.

Le rêve du jeune prélat, dans ses moments de mélancolie, est « d'avoir seulement quelques écus pour former un cabinet et un cheval pour aller revoir le champ de bataille de Waterloo ». — Cette idée du bonheur, Lucien Leuwen l'exprime dans les mêmes termes, ou à peu près, en 1830.

Fabrice est resté adroit cavalier et homme de cheval averti : c'est un grand cheval maigre qu'il prend, de préférence à un gras, pour fuir, un jour, la gendarmerie autrichienne.

Plus tard, il achète deux excellents poneys, — qu'il doit trouver dans la Romagne ou qu'un marchand avait importés de Sardaigne : les chevaux y sont encore vifs, bien roulés, et très appréciés des amateurs.

Même dénué de ressources, il faut absolument qu'il monte à cheval. Il emprunte le bidet de l'homme d'affaires d'un de ses parents « qui voulait bien le souffrir, par respect pour son sang bleu ».

A cette époque, en effet, la pratique du cheval, nécessité pour tous, était un plaisir délicat et luxueux pour les grands seigneurs, lesquels, comme ce fameux Limercati, cité par Stendhal, « en 1811, avait quarante chevaux à l'écurie, dont sept chevaux anglais très beaux ».

La passion du cheval anglais fit de rapides progrès en France et en Europe après Napoléon. Le jeune Lucien Leuwen, sous-lieutenant aux lanciers, s'empresse, dès son arrivée à Nancy, d'en acheter un au préfet. Et c'est même le seul cheval décrit avec quelque détail par Stendhal : « La bête est anglaise ; un bon demi-sang ; jarrets superbes, épaules admirables; valeur 3000 francs», — et sûrement de cette race de galopeurs « qui forçaient le chevreuil, en forêt de Compiègne, vingt et une minutes après la vue ». Épaules et jarrets, ne sont-ce pas là les deux points importants chez le cheval de selle ? Pour être tout à fait complet, Stendhal, cependant, aurait dû ajouter : vaste et profonde poitrine.

Stendhal nous apprend encore que cette jument jetait le préfet par terre toutes les fois qu'il la montait, mais que le sous-lieutenant fut vite son maître et qu'entre ses jambes « elle avait quelques mouvements d'impatience charmants pour les connaisseurs ».

Ce Leuwen, Stendhal le pare complaisamment de toutes les qualités de l'homme de cheval accompli. Il monte très bien ; sait faire « appuyer » son cheval, conduit lui-même ses chevaux de voiture, — sans doute de ces normands pleins de sang que crée la Restauration, petits-fils de l'anglo-arabe *Eylau*, du type immortalisé et exagéré d'ailleurs par Alfred de Dreux.

Non seulement Leuwen se sert de ses chevaux, mais encore il s'y intéresse, supérieur en cela à bien des écuyers passionnés d'équitation mais n'aimant pas assez leurs chevaux pour s'en occuper après qu'ils ont mis pied à terre.

Leuwen « allait voir atteler les siens et trouvait vingt choses à reprendre à l'écurie ». — Trait typique et finement observé.

Notons, en passant, que jamais Stendhal ne sacrifie à la mode en citant comme beaux ces chevaux allemands dont les marchands juifs, maîtres du marché, inondaient alors la France. Non, il ne veut pour ses personnages que des chevaux « fins » et ayant du sang.

Dans *Armance*, l'auteur se prouve tout à fait cavalier par cette simple remarque : Octave de Malivert reçoit de sa mère un superbe cheval anglais « dont la jeunesse et la grâce firent un étrange contraste avec les deux chevaux normands qui depuis onze ans s'acquittaient du service de la maison ». Ce cheval anglais valait 4000 francs et la mère du jeune homme vendit quelques diamants pour le lui payer.

De cet Octave, Stendhal nous fait comprendre la jeunesse de caractère jusque dans la façon dont il se sert ou même abuse de son cheval : Octave sort à cheval après dîner et prolonge sa chevauchée jusqu'à trois heures du matin ; ses promenades ordinaires sont de 28 à 30 kilomètres. Seulement il emmène un valet de pied pour causer et se distraire !

Dans *Lamiel*, il est traité en passant de l'hygiène du cheval : « Ce pauvre Épervier (un vainqueur de Chantilly) est bien mouillé, et vous n'avez pas de couverture ; il peut prendre froid ; je vous conseille de quitter votre habit et de le jeter sur son dos. Au lieu de parler avec moi, vous devriez promener Épervier dans le bois. »

C'est dans *Lamiel* aussi qu'on peut

relever le seul passage un peu ridicule au point de vue hippique de toute l'œuvre stendhalienne. Fédor prend une jeune femme en croupe, une fois pour lui faire passer un marécage, — ce qui à la rigueur peut se faire sur un cheval très tranquille ; — une autre fois pour une grande promenade. Mais ici la jeune femme monte la première, à califourchon naturellement, et Fédor, qui poussait l'art de monter à cheval jusqu'à la voltige », saute en croupe derrière elle. Les deux amants devaient être très mal, mais ils s'en consolèrent, je pense, en s'embrassant tout le temps.

Stendhal ne nous dit pas si, ce jour-là, Fédor avait son cheval anglais ou le gros normand de sa grand'mère ; mais j'aime à croire qu'à cause de la largeur de son dos et de la douceur de son caractère il choisissait plutôt celui-là pour ses exercices de voltige amoureuse.

Nulle part, dans l'œuvre de Stendhal, on ne rencontre la moindre fausse note hippique, sauf celle que je viens de citer. L'auteur, de par sa carrière, a dû monter et voir beaucoup de chevaux de tous poils, races et nationalités. Il a traversé à cheval l'Europe. On sait qu'en 1800, il fut maréchal des logis de dragons, sous-lieutenant au bout d'un mois, officier d'ordonnance du général Michaud, et qu'il se distingua à la guerre. Puis, en 1802, il occupe à Paris un emploi de cinquante francs par mois : adieu, le cheval ! Mais, dès 1806, il repart, assiste à la bataille d'Iéna, accompagnant M. Daru, sous-inspecteur aux revues. En 1807, il est adjoint au commissaire des guerres à Brunswick, où il peut se livrer à son sport favori et au tir : en voiture, au grand trot, il abat un corbeau au pistolet, à balle ! Il fait ensuite la campagne de Russie... En 1820, il se faisait volontiers

passer pour un ancien officier supérieur
de dragons : il pouvait bien tenir son
rôle. Et quel dommage qu'il n'ait pas
écrit tout ce que, sans doute, il racon-
tait alors sur les chevaux et les cavaliers
de l'époque impériale !

Le peu qu'il nous en dit dans ses
livres nous prouve combien les amateurs d'histoire hippique ont perdu de
par cette concision qui, d'ailleurs, fait
la force et le charme de son style.

D'aucuns se choqueront peut-être
que nous ayons voulu classer Stendhal
parmi les hommes de cheval, généra-
lement si méprisés, et souvent bien à
tort, par les « intellectuels ».

Nous avons cru, au contraire, aug-
menter sa valeur en signalant chez lui
un pareil surcroît d'aptitudes.

On nous pardonnera donc, pour cette

bonne intention, d'avoir, à côté des magnifiques *ex-voto* de la chapelle bey-lienne, suspendu, dans un petit coin, des éperons, une cravache et un fer à cheval.

Achevé d'imprimer le 20 Juillet 1928
sur les Presses
de l'Imprimerie Alençonnaise
F. Grisard, administrateur
11, rue des Marcheries, 11
Alençon (Orne)

www.ingramcontent.com/pod-product-compliance
Ingram Content Group UK Ltd.
Pitfield, Milton Keynes, MK11 3LW, UK
UKHW022132170726
13837UKWH00004B/1521